BEI GRIN MACHT SICH IHR WISSEN BEZAHLT

- Wir veröffentlichen Ihre Hausarbeit, Bachelor- und Masterarbeit

- Ihr eigenes eBook und Buch - weltweit in allen wichtigen Shops

- Verdienen Sie an jedem Verkauf

Jetzt bei www.GRIN.com hochladen und kostenlos publizieren

Bibliografische Information der Deutschen Nationalbibliothek:

Die Deutsche Bibliothek verzeichnet diese Publikation in der Deutschen National-
bibliografie; detaillierte bibliografische Daten sind im Internet über http://dnb.d-
nb.de/ abrufbar.

Impressum:

Copyright © 2018 GRIN Verlag
Druck und Bindung: Books on Demand GmbH, Norderstedt Germany
ISBN: 9783346257819

Dieses Buch bei GRIN:

https://www.grin.com/document/934298

Nele Lisann Schubert

Gesundheitsmanagement. Koordinations- und Beweglichkeitstraining

Erstellung eines Trainingsplans für eine 19-jährige Frau

GRIN Verlag

GRIN - Your knowledge has value

Der GRIN Verlag publiziert seit 1998 wissenschaftliche Arbeiten von Studenten, Hochschullehrern und anderen Akademikern als eBook und gedrucktes Buch. Die Verlagswebsite www.grin.com ist die ideale Plattform zur Veröffentlichung von Hausarbeiten, Abschlussarbeiten, wissenschaftlichen Aufsätzen, Dissertationen und Fachbüchern.

Besuchen Sie uns im Internet:

http://www.grin.com/

http://www.facebook.com/grincom

http://www.twitter.com/grin_com

Deutsche Hochschule für
Prävention und Gesundheitsmanagement
Hermann Neuberger Sportschule 3
66123 Saarbrücken

Einsendeaufgabe

Fachmodul: Trainingslehre 3

Studiengang: Gesundheitsmanagement

Datum
Präsenzphase: 10.09.2018 – 12.09.2018

Name, Vorname: Schubert, Nele Lisann

Studienort: **Hamburg**

Semester: **Wintersemester 2016**

Inhaltsverzeichnis

1 Diagnose

1.1 Allgemeine und biometrische Daten

Tab. 1: Allgemeine und biometrische Daten (eigene Darstellung 2018)

Allgemeine Daten	
Alter	19
Geschlecht	Weiblich
Körpergröße	165cm
Körpergewicht	64
Trainingsmotiv	• Erhalt der Beweglichkeit • Langfristige Vermeidung von muskulären Dysbalancen • Verbesserung der Koordination • Optimierung der Bewegungsabläufe beim Muskeltraining und Joggen
Berufliche Tätigkeit	Verkäuferin im Einzelhandel (vorwiegend gehend und stehend)
Sportliche Tätigkeit, Leistungsstufe & Trainingsumfang (Früher/Heute)	• Gerätetraining im Fitnessstudio seit 8 Monaten (ca. 2-3x in der Woche, ca. 60 Minuten Woche) Trainingsstufe: Anfänerin • Joggen seit 4 Monaten (ca. 1x die Woche, ca. 30 Minuten) Trainingsstufe: Anfängerin
Zeitlicher verfügungsrahmen	3x pro Woche 60-90 Minuten
Allgemeiner Gesundheitszustand	
Orthopädische und internistische Probleme	Keine
Ärztliche Behandlung	Keine
Einnahme von Medikamenten	Keine
Sonstige gesundheitlichen Einschränkungen	Die Kundin klagt über Nackenverspannungen und Rückenschmerzen nach langen Arbeitstagen

Aus der Eingangsdiagnose von Frau X lässt sich eine uneingeschränkte Trainierbarkeit und Belastbarkeit in Betracht orthopädischer und internistischer Probleme ableiten. Da keine schweren gesundheitliche Einschränkungen vorliegen, die Verspannungen im Nacken im Vorfeld durch einen Arzt überprüft wurden und die Kundin anschließend für das Training freigegeben wurde muss bei der folgenden Trainingsplanung auf keine körperlichen Einschränkungen Rücksicht genommen werden. Die Kundin arbeitet auf das Ziel hin, nach langen Arbeitstagen (primär stehend und gehend) Beschwerde frei zu sein. Auf Grund ihres Gerätetrainings im Fitnessstudios, verfügt die Kundin über Vorerfahrungen im Bereich Kraft- und Koordinationstraining.

2 Beweglichkeitstestung

Um ein individuelles Beweglichkeitstraining für Frau X zusammenstellen zu können, wird als erstes ein manueller Beweglichkeitstest, in Anlehnung nach Janda (2000), durchgeführt. Die folgenden, tabellarisch dargestellten Ergebnisse werden abschließend nach diesen Richtwerten bewertet. Anhand dieses Testverfahrens sollen Beweglichkeitsdefizite und Muskelschwächen ermittelt werden (Eifler, 2018, S. 47).

Tab. 2: Beweglichkeitstestung der Brustmuskulatur (eigene Darstellung, 2018)

Testübung Muskelgruppe:	Übungsbeschreibung: (nach Janda, 2000, S. 270)	Richtwerte/Normwerte (nach Janda 2000, S. 271)	Testergebnis der Kundin:
Brustmuskulatur (M. pectoralis major)	Die Person wird gebeten in Rückenlage auf der Behandlungsliege Platz zu nehmen. Die Beine sind zur Fixierung des Beckens angewinkelt. Der Brustkorb wird durch leichten Zug mit der Hand diagonal von der Testperson weg fixiert. Der zu testende Arm wird im Schultergelenk abgespreizt und nach außenrotiert. Im Ellenbogengelenk wird ein 90°_ Beugewinkel eingenommen. Die Position der Horizontalen des Oberarms wird als Messbereich genutzt. Als Manipulation der Testergebnisse gilt eine Hyperlordose in der Lendenwirbelsäule oder das Abheben des Beckens. Durch eine Angespannte Bauchmuskulatur kann die Lendenwirbelsäule und das Becken fixiert werden (Eifler, 2018, S. 48). Nacheinander werden rechte und linke Seite getestet.	**Stufe 0:** Kein Beweglichkeitsdefizit, die Horizontale wird vom Oberarm erreicht. Durch leichten Druck auf dem Oberarm kann er unter die Horizontale bewegt werden. **Stufe 1:** Leichtes Beweglichkeitsdefizit, die Horizontale wird nur durch leichten Druck auf den Oberarm erreicht. **Stufe 2:** Deutliches Beweglichkeitsdefizit, auch durch einen Druck auf dem Oberarm wird die Horizontale nichts erreicht (Eifler, 2018, S.48).	**Rechts:** Stufe 0 **Links:** Stufe 0

Tab. 3: Beweglichkeitstestung Hüftbeugemuskulatur (eigene Darstellung, 2018)

Testübung Muskelgruppe	Übungsbeschreibung (nach Janda, 2000, S. 258)	Richtwerte/Normwerte (nach Janda, 2000, S. 259)	Testergebnis der Kundin
Hüftbeugemuskulatur (speziell M. iliopsoas)	Die Testperson wird gebeten in Rückenlage auf der Behandlungsliege Platz zu nehmen. Das Gesäß der Testperson befindet sich ganz am Ende der Liege und die Beine hängen herunter. Ein Bein wird angewinkelt und so weit es geht zum Körper heran gezogen. Der Tester fixiert das Bein zusätzlich durch leichten Druck über das Knie. Dies Verhindert eine Hyperlordose und fixiert die LWS auf der Behandlungsliege. Das überhängende Bein wird nun vom Tester betrachtet und nach einander die rechte und die linke Hüftbeugemuskulatur getestet. Der Hüftbeugewinkel (Position des Oberschenkels im Verhältnis zur Körperlängsachse) gilt als Messbereich.	**Stufe 0:** Keine Beweglichkeitsdefizite; Oberschenkel erreicht die Horizontale; Tester kann den Oberarm durch leichten Druck unter die Horizontale bringen. **Stufe 1:** Leichte Beweglichkeitsdefizite; Leichte Hüftbeugestellung; Tester kann den Oberschenkel durch leichten Druck bis zur Horizontalen bewegen. **Stufe 2:** Deutliche Beweglichkeitsdefizite; Durch Druck des testers kann der Oberschenkel die Horizontale nicht erreichen.	**Links:** Stufe 0 **Rechts:** Stufe 0

Tab. 4: Beweglichkeitstestung Kniestreckmuskulatur (eigene Darstellung, 2018)

Testübung Muskelgruppe	Übungsbeschreibung (nach Janda, 2000, S. 258)	Richtwerte/Normwerte (nach Janda, 2000, S. 259)	Testergebnis der Kundin
Kniestreckmuskulatur (speziell M. rectus femoris)	Die Testperson wird gebeten in Rückenlage auf der Behandlungsliege Platz zu nehmen. Das Gesäß schießt mit der Liege ab und die Beine hängen herunter. Ein Bein wird maximal an den Körper angezogen um eine Hyperlordose zu verhindern. Der Tester fixiert das freihängende Bein im maximalen Hüftextensionswinkel, wo bei das Knie ebenfalls die maximale Beugeposition einnimmt. Die Endposition wird nun vom Tester analysiert. Es werden hintereinander erste die rechte, dann die linke	**Stufe 0:** keine Beweglichkeitsdefizite; Unterschenkel hängt senkrecht herab; durch leichten Druck des Testers ist es möglich, die Kniebeuge zu vergrößern. **Stufe 1:** Leichte Beweglichkeitsdefizite; Unterschenkel ist leicht nach vorne gestreckt; durch leichten Druck des Testers ist es möglich, einen 90° Kniebeugewinkel zu erreichen. **Stufe 2:** Deutliche Beweglichkeitsdefizite; Unterschenkel ist deutlich nach vorne gestreckt; auch durch Druck des Testers wird 90° Knie-	**Rechts:** Stufe 1 **Links:** Stufe 1

	Seite getestet.	beugewinkel nicht erreicht.	

Tab. 5: Beweglichkeitstestung Kniebeugemuskulatur (eigene Darstellung, 2018)

Testübung Muskelgruppe	Übungsbeschreibung (nach Janda, 2000, S. 258)	Richtwerte/Normwerte (nach Janda, 2000, S. 258)	Testergebnis der Kundin
Kniebeugemuskulatur (Mm. Ischiocrurales)	Die Testperson wird gebeten in Rückenlage auf der Behandlungsliege Platz zu nehmen. Ein Fuß wird auf die Liege gestellt, damit im Knie- und Hüftgelenk eine Beugung entsteht. Es wird darauf geachtet, das Hüfte und LWS fixiert auf der Liege bleiben. Mit gestrecktem Kniegelenk wird das zu testende Bein maximal in der Hüfte gebeugt. Der Messbereich liegt zwischen der Beinachse und der Longitudinalachse. Nacheinander werden rechte und linke Seite getestet.	**Stufe 0:** Keine Beweglichkeitsdefizite; Flexion im Hüftgelenk ist im Ausmaß von 90° möglich **Stufe 1:** Leichte Beweglichkeitsdefizite; Flexion im Hüftgelenk ist zwischen 80.90° möglich **Stufe 2:** Deutliche Beweglichkeitsdefizite; Flexion im Hüftgelenk ist nur unter 80° möglich	**Links:** Stufe 1 **Rechts:** Stufe 1

Tab. 6: Beweglichkeitstestung Wadenmuskulatur (eigene Darstellung, 2018)

Testübung Muskelgruppe	Übungsbeschreibung (nach Janda, 2000, S. 255)	Richtwerte/Normwerte (nach Janda, 2000, S. 255)	Testergebnis der Kundin
Wadenmuskulatur (Mm. triceps surae)	M. gastrocnemius: Die Testperson wird gebeten in Rückenlage auf der Behandlungsliege Platz zu nehmen. Das zu testende Bein ist gestreckt, das andere steht fest auf Behandlungsliege. Der Tester greift mit der einen Hand an die Ferse der Testperson und drückt mit dem Daumen der anderen Hand an die Fußaußenkante. Von der Ferse aus wird der Fuß distalwärts gezogen und an der Außenkante zum Schienenbein gedrückt, bis eine maximale Dorsalextension entsteht.	**Stufe 0:** Keine Beweglichkeitsdefizite; Dorsalextension ist mind. bis zur 0°-Stellung möglich (90° zwischen Fuß und Unterschenkel) **Stufe 1:** Leichte Beweglichkeitsdefizite; 0°-Stellung kann nicht erreicht werden; Dorsalextension ist möglich **Stufe 2:** Deutliche Beweglichkeitsdefizite; Dorsalextension ist nur bis 10° unterhalb der 0°-Stellung möglich.	**M. gastrocnemius** **Links:** Stufe 1 **Rechts:** Stufe 1 **M. soleus** **Links:** Stufe 1 **Rechts:** Stufe 1

2.1 Begründung der Beweglichkeitstestung

Die manuellen Beweglichkeitstests Angelehnt an Janda (2000) ergaben, dass Frau X in der Brustmuskulatur (M. pectoralis major) und der Hüftbeugemuskulatur (M. iliopsoas) auf der rechten, so wie auf der linken Seite keine Beschwerden hat und diese ohne Beweglichkeitseinschränkungen nutzen kann (vgl. Tab. 2- 3). Dies äußert sich durch ein erreichen der Stufe 0 in den manuellen Beweglichkeitstestungen. Frau X wird in ihrem Beruf als Verkäuferin nie über einen längeren Zeitraum einseitig belastet, was sich positiv auf die getestete Muskulatur auswirkt.

Eine leichte Bewegungseinschränkung ist jedoch in der Kniestreckmuskulatur (speziell M. rectus femoris), der Kniebeugemuskulatur (Mm. Ischiocrurales) und der Wadenmuskulatur (Mm. Trizeps surae) erkennbar, da Frau X in diesen Beweglichkeitstestungen nur die Stufe 1 erreicht (vgl. Tab. 4-6). Durch die mehrstündig primär stehende und gehende Tätigkeit, kann die Muskulatur in der Vorder- und Rückseite des Oberschenkels, sowie der Wade überlastet sein und somit zu Beweglichkeitseinschränkungen führen. Die wöchentliche Jogging Einheit über 30 Minuten kann diesen Effekt noch verstärken (Eifler, 2018, S.85)

Abschließend lässt sich festhalten, dass bei der Kundin keine nennenswerten Beweglichkeitseinschränkungen aufgetreten sind und folglich alle Hauptmuskelgruppen mit gleicher Intensität behandelt werden. Gleichermaßen wird versucht dem Trainingsmotiv Erhaltung der Beweglichkeit nachzukommen.

3 Trainingsplanung Beweglichkeitstraining

Auf Grundlage der Ergebnisse des manuellen Beweglichkeitstests wird für Frau X nun ein Dehnprogramm aus 10 Übungen erstellt, welches auf ihre individuellen Bedürfnisse angepasst ist. Dieses wird in tabellarischer Form dargestellt. Die Ausführung der jeweiligen Dehnübung wird im Anschluss an die Tabellen detailliert beschrieben. Die Spalte Häufigkeit pro Woche umfasst ein 3x wöchentliches eigenständiges Dehnprogramm um gezielt die Beweglichkeit zu verbessern. Ein Dehneffekt ergibt sich immer über das Entfernen von Ursprung und Ansatz eines Muskels. Für die Dehnung ist immer die entgegengesetzte Richtung einzunehmen.

Tab. 7: Darstellung der Dehnübungsauswahl und des Belastungsgefüges (eigene Darstellung, 2018)

Muskel/Dehnübung	Dehform/ Arbeitsweise	Häufigkeit/ Woche	Sätze/ Übung	Dauer	Intensität
1: Nackenmuskulatur (M. trapezius pars descendens)	aktiv-passiv statisch	3x	3	10-15 Sekunden	Submaximale Grenze
2: Brustmuskulatur (M. pectoralis major)	aktiv dynamisch	3x	3	10-15 Sekunden	Submaximale Grenze
3: hinterer Oberarm- und Schultermuskulatur (M. teres major)	passiv postisometrisch	3x	3	10-15 Sekunden	Submaximale Grenze
4: Rumpfmuskulatur (M. obliquus externus abdominis)	aktiv dynamisch	3x	3	10-15 Sekunden	Submaximale Grenze
5: Rückenstreckermuskulatur (Mm. erector spinae)	passiv statisch	3x	3	10-15 Sekunden	Submaximale Grenze
6: Hüftbeugemuskulatur (M. iliopsoas)	passiv dynamisch	3x	3	10-15 Sekunden	Submaximale Grenze
7: Kniebeugemuskulatur (Mm: ischiocrurales)	aktiv statisch	3x	3	10-15 Sekunden	Submaximale Grenze
8: Gesäßmuskulatur (M. glutaeus maximus)	passiv statisch	3x	3	10-15 Sekunden	Submaximale Grenze
9: Kniestreckmuskulatur (M. quadriceps femoris)	passiv statisch	3x	3	10-15 Sekunden	Submaximale Grenze
10: Wadenmuskulatur (M. gastrocnemius)	passiv statisch	3x	3	10-15 Sekunden	Submaximale Grenze

Dehnübung 1: Dehnung der Nackenmuskulatur

Diese Übung wird im Stand begonnen. Der Blick bleibt gerade ausgerichtet, wobei der Kopf leicht zur Seite geneigt wird. Um in die dehnende Position zu gelangen wird die gegenüberliegende Schulter aktiv nach unten gezogen. Da diese Übung statisch ausgeführt werden soll wird die Position gehalten.

Dehnübung 2: Dehnung der Brustmuskulatur im Stand

Die Ausgangsposition ist der Stand. Die Hände werden hinter dem Körper in einander verschränkt, wobei die Handflächen nach innen zeigen. Die Dehnposition wird eingenommen, in dem der Oberkörper aufrecht gehalten wird und die gestreckten Arme nach oben angehoben werden. Für eine dynamische Ausführung werden die Arme von unten nach oben bewegt.

Dehnübung 3: Dehnung der hinteren Schultermuskulatur

Die Übung beginnt im Stand. Die Hand des Arms, welcher gedehnt werden soll wird zwischen die Schulterblätter gelegt. Der Arm wird maximal gebeugt. Die andere Hand greift diesen Arm am Ellenbogen. Als erstes wird durch Druck auf den Ellenbogen, durch die Hand, die Schulterblattmuskulatur 6-10 Sekunden isometrisch kontrahiert. Die darauffolgende Entspannungsphase wird 2-3 Sekunden gehalten. Zuletzt wird die Muskulatur einem deutlich intensivieren Dehnreiz über 10-20 Sekunden ausgesetzt.

Dehnübung 4: Dehnung der seitlichen Rumpfmuskulatur im Seitgrätschstand

Diese Übung beginnt im Seitgrätschstand. Die Arme werden gestreckt über dem Kopf zusammengeführt. Um in die Dehnposition zu gelangen wird der Oberkörper leicht in zur Seite geneigt. Für eine Intensivierung der Dehnung wird ein leichter Zug nach oben auf den gegenüberliegenden Arm ausgeübt. Da diese Übung dynamisch ausgeführt werden soll wird der Oberkörper wieder in die aufrechte Position gebracht und der Zug am Arm verringert. Anschließend wird erneut die Dehnposition eingenommen.

Dehnübung 5: Dehnung der Rückenstrecker im Vierfüßlerstand

Die Ausgangsposition dieser Übung ist der Vierfüßlerstand. Um aktiv in die Dehnung zu gehen, wird die Bauchmuskulatur angespannt und die Wirbelsäule nach oben gewölbt. Diese Übung soll statisch ausgeführt werden, aus diesem Grund wird die Position gehalten.

Dehnübung 6: Dehnung der Hüftbeugemuskulatur im Kniestand

Die Ausgangsposition der Übung ist der Kniestand. Ein Bein wird nach vorne gestreckt und auf mit dem kompletten Fuß aufgestellt. Das vorgestreckt Bein ist im Knie gebeugt. Das andere Bein wird nach hinten ausgestreckt und liegt mit dem Schienenbein auf der Matte. Der Oberkörper ist aufgerichtet. Die Hände werden genutzt um sich auf dem vorderen Oberschenkel abzustützen. Um die Muskulatur zu dehnen wird der Körperschwerpunkt nach vorne verlagert. Durch aktives Anspannen der Gesäßmuskulatur wird das Becken aufgerichtet. Hierdurch erfolgt eine Intensivierung der Dehnung im M. iliopsoas. Ein wechseln zwischen Ausgangs- und Dehnposition macht diese Dehnübung dynamisch.

Dehnübung 7: Dehnung der hinteren Oberschenkelmuskulatur im Stand

Die Ausgangsposition ist der Stand. Ein Bein wird im Ausfallschritt nach vorne gesetzt. Beide Beine sind vorerst leicht gebeugt. Das Gesäß wird nun nach hinten geschoben und das vordere Bein in eine gestreckte Position gebracht, wobei das hintere eine leichte Beugung beibehält. Die Intensität der Dehnung kann durch die Neigung des Oberkörpers nach vorne reguliert werden. Da eine statische Dehnübung ausgeführt werden soll, wird diese Position gehalten.

Dehnübung 8: Dehnung der Gesäßmuskulatur in Rückenlage

Die Ausgangsposition dieser Übung ist die Rückenlage. Ein Bein wird angewinkelt auf die Matte gestellt. Durch eine Außenrotation wird die Fessel des anderen Beins oberhalb des Knies abgelegt. Das am Boden stehende Bein wird in die maximale Hüftflexion zum Bauch gezogen. Der Oberkörper und der Kopf bleiben die ganze Zeit über fixiert auf der Matte. Diese Übung soll statisch ausgeführt werden, weswegen diese Position 45 Sekunden gehalten wird.

Dehnübung 9: Dehnung der vorderen Oberschenkelmuskulatur im Stand

Die Ausgangsposition ist der Stand. Ein Bein wird angewinkelt und mit der Hand auf Höhe des Sprunggelenkes umfasst, so dass sich die Ferse auf der selben Höhe wie das Gesäß befindet. Ein Dehneffekt wird durch das kippen des Beckens und des maximalen Anziehens der Ferse zum Gesäß erzielt. Beide Beine bilden eine Linie. Um einen sicherere Haltung einzunehmen, kann der freie Arm bei der Ausbalancierung helfen.

Dehnübung 10: Dehnung der Wadenmuskulatur im Stand

Die Ausgangsposition ist der Stand. Ein Bein wird im Ausfallschritt nach hinten gestellt. Der ganze Fuß setzt auf dem Boden auf. Das vordere Bein nimmt eine leicht gebeugte Haltung ein. Der Oberkörper ist leicht nach vorne gebeugt, so dass Oberkörper und das hintere Bein eine Gerade bilden. Die Dehnintensität wird durch die Verlagerung des Körperschwerpunktes, durch eine Vergrößerung des Beugewinkels im vorderen Bein reguliert. Durch die vermehrte Beugung wird die Dorsalextension im hinteren Bein gesteigert.

3.1 Begründung des Beweglichkeitstrainings

Auf Grundlage der allgemeinen und biometrischen Daten, sowie der Beweglichkeitstestung wurde für Frau X. ein individuelles Beweglichkeitstraining erstellt. Ziel ist es durch ein regelmäßiges Dehntraining die Beweglichkeit zu erhalten, muskuläre Dysbalancen zu vermeiden und die Bewegungsabläufe beim Joggen zu optimieren. Die vorhergehende Beweglichkeitstestung ergab keinerlei nennenswerte Einschränkungen, weshalb alle Muskelgruppen gleichermaßen in die Trainingsplanung integriert. Dehntraining verspricht eine Erweiterung der Gelenkbeweglichkeit (Wydra, Glück, Roemer, 1999, vgl. Tab. 13.1). Durch zahlreiche, wissenschaftliche konnte Untersuchungen über Wochen ein gesteigerter Widerstand des Bindegewebe während der Dehnübung festgestellt werden. Das beanspruchte Gewebe passt sich dem immer wiederkehrenden Reiz an und wird fester, somit erhöht sich die Dehnspannung. Ein regelmäßiges Dehntraining trägt dazu bei, dass sich die Kundin an den Dehnschmerz gewöhnt und den Gelenkwinkel vergrößern kann (Schönthaler & Ohlendorf, 2002, S. 51-52). Um das Training abwechslungsreich zu gestalten wurden drei Dehnmethoden (statisch, dynamisch, postisometrisch) verwendet. Zur optimalen Erreichung der mittelfristigen Ziele von Frau X erwies sich die dynamische Dehnmethode als effektivste (Wydra, Bös & Karisch, 1991). In dem oben zusammengestellten Dehntraining werden primär statische Übungen ausgeführt, weil diese von Personen die im Alltag körperlich einseitig belastet sind als entspannend empfunden wurde (Freiwald, 2009, S. 300). Der zeitliche Verfügbarkeitsrahmen von Frau X. stimmt mit der von Freiwald empfohlenen Trainingshäufigkeit überein und liegt bei 3x pro Woche. Freiwald empfiehlt ebenfalls eine Belastung bis zur submaximalen Grenze. Durch die einseitige körperliche Belastung nimmt die Kundin eine Art Schon- und Ausgleichshaltung an, durch die muskuläre Dysbalancen entstehen. Eine eingeschränkte Bewegungsamplitude ist die Folge (Eifler, 2018, S. 38-39). Durch ein langfristiges Dehntraining können auch gezielt die Nackenverspannungen und Rückenschmerzen von Frau X. verbessert werden (Eder, 1988). Um eine optimale Beweglichkeit zu erreichen wurde ist nachweislich ein Krafttraining der abgeschwächten Muskulatur nötig, welches das erweitern der Bewegungsamplitude fördert.

4 Trainingsplanung Koordinationstraining

„Koordination ist das Zusammenwirken von Zentralnervensystem als Steuerungsorgan und der Skelettmuskulatur als Ausführungsorgan innerhalb eines gezielten Bewegungsablaufs. Sie beinhaltet damit alle Prozesse der Bewegungskontrolle." (Häflinger & Schuba, 2009, S. 15). Der folgende Trainingsplan zur Verbesserung des Gleichgewichts von Frau X. beinhaltet 10 systematisch aufeinander aufbauende Koordinationsübungen. Ziel ist es einen Unteramstütz auf dem Bosu durchzuführen und dabei abwechselnd diagonal Arm und Bein anzuheben.

Tab. 8: Belastungsgefüge Koordinationstraining (eigene Darstellung, 2018)

Trainingshäufigkeit pro Woche	3
Sätze pro Übung	2-3
Satzpausen	60 Sekunden
Belastungsdauer pro Satz	Statische Übung: 30 Sekunden Dynamisch Übung: 10 Wiederholungen

Übung 1: Kniestütz

Die Ausgangsposition ist die Bauchlage. Beide Hände werden rechts und links, etwas weiter als schulterbreit neben dem Körper aufgesetzt. Beide Arme werden komplett durch gestreckt und der Oberkörper so vom Boden hoch gedrückt. Beide Beine werden angewinkelt, so dass die Knie das Körpergewicht tragen. Diese Übung wird statisch ausgeführt.

Übung 2: Unterarmstütz

Die Ausgangsposition ist die Bauchlage. Die Unterarme werden rechts und links neben dem Körper abgelegt. Die Ellenbogen liegen unter der Schulter. Beide Füße stehen eng zusammen, die Zehenspitzen befinden sich auf dem Boden. Der Kopf befindet sich in Verlängerung der Wirbelsäule, der Blick ist nach unten auf die Matte gerichtet. Die Hüfte wird angehoben und die gesamte Rumpfmuskulatur angespannt, so dass Körper eine Linie bildet. Diese Position wird statisch 30 Sekunden lang gehalten. Wichtig ist, dass das Becken dabei nicht absinkt und die Person nicht die Hohlkreuzposition einnimmt.

Übung 3: Unterarmstütz – Airex Balance Pad

Zusätzlich zur Gymnastikmatte wird jetzt ein Airex Balance Pad verwendet. Frau X. soll nun einen Unterarmstütz auf dem Airex Balance Pad durchführen. Dazu wird Das Balance Pad aus Auflagefläche für die Unterarme genutzt. Weiterhin ist drauf zu achten, dass genügend Spannung in der Rumpfmuskulatur vorhanden ist und der Kopf in Verlängerung der Wirbelsäule gehalten wird. Die Übung wird statisch 30 Sekunden gehalten.

Übung 4: Unterarmstütz mit angehobenen Beinen – Airex Balance Pad

Die Ausgangsposition ist der Unterarmstütz auf dem Airex Balance Pad wie in Übung 2 und 3 beschreiben. Die Kundin soll nun abwechselnd das rechte und linke Bein anheben. Das jeweils angehobene Bein soll gestreckt zur Decke geführt werden. Der Oberkörper soll die ganze Zeit über so gerade wie möglich gehalten werden und Rotationen in der Hüfte vermieden werden. Es soll ein dynamischer Wechsel stattfinden, wobei jedes Bein 10x angehoben werden soll.

Übung 5: Unterarmstütz mit angehobenen Armen – Airex Balance Pad

Kundin nimmt die gleiche Position ein wie in Übung 2 und 3 beschreiben. Abwechselnd soll nun der rechte und der linke Arm angehoben und nach vorne ausgestreckt werden. Der Oberkörper und das Gesäß sollen während der gesamten Belastungszeit möglichst gerade gehalten werden. Es soll ein dynamischer Wechsel zwischen dem rechten und dem linken Arm stattfinden, wobei jeder Arm 10x angehoben werden soll.

Übung 6: Unterarmstütz mit diagonal angehobenem Arm und Bein – Airex Balance Pad

Die Ausgangsposition ist der Unterarmstütz auf dem Airex Balance Pad wie in Übung 2 und 3 beschrieben. Frau X. soll nun eine Kombination aus Übung 4 und 5 ausführen. Abwechselnd soll nun gleichzeitig das rechte Bein und der linke Arm angehoben werden und danach das linke Bein und der rechte Arm. Es ist darauf zu achten, dass Frau X. weiterhin auf genügend Körperspannung und Rumpfstabilität achtet, damit die Übung effektiv ausgeführt wird. Es soll ein dynamischer Wechsel stattfinden und jede Seite 10x angehoben werden.

Übung 7: Unterarmstütz auf dem Bosu

Zusätzlich zu Gymnastikmatte wird nun das Airex Balance Pad gegen eine Bosu getauscht. Frau X soll nun einen Unterarmstütz auf dem Bosu durchführen. Die Kundin begibt sich in die Ausgangsposition und legt nun ihre Unterarme auf dem Bosu ab. Diese Übung soll statisch 30 Sekunden gehalten werden ohne große Ausgleichsbewegungen zu machen oder die Übung abzubrechen. Durch die ungewohnte Unterlage sollte hier vermehrt auf eine gute Körperspannung und Körperhaltung acht gegeben werden.

Übung 8: Unterarmstütz auf dem Bosu mit angehobenem Bein

Die Ausgangsposition ist der Unterarmstütz auf dem Bosu. Zusätzlich soll nun wie bei Übung 4 abwechselnd das rechte und das linke Bein angehoben werden. Das jeweils angehobene Bein befindet sich in der Streckung. Der Oberkörper soll möglichst gerade gehalten werden. Diese Übung soll dynamisch durchgeführt werden. Jedes Bein soll 10x angehoben werden.

Übung 9: Unterarmstütz auf dem Bosu mit angehobenen Armen

Frau X. nimmt die Unterarmstützposition auf dem Bosu ein. Wie bei Übung 5 soll nun abwechselnd der rechte und dann der linke Arm angehoben werden. Beim Anheben wird der jeweilige Arme nach vorne ausgetreckt. Während der Belastungszeit soll im Oberkörper so wenig wie möglich Rotation stattfinden und die Spannung im Rumpfbereich konstant gehalten werden. Diese Übung wird dynamisch ausgeführt, wobei ein ständiger Wechsel zwischen dem rechten und linken Arm erfolgt. Jeder Arm soll 10x angehoben werden.

Übung 10: Unterarmstütz auf dem Bosu mit diagonal angehobenem Bein und Arm
Die Ausgangsposition dieser Übung ist der Unterarmstütz auf dem Bosu. Wie in Übung 6 soll nun abwechselnd diagonal ein Bein und ein Arm in gestrecktem Zustand angehoben werden. Diese Übung soll ohne große Ausgleichbewegungen absolviert werden. Jede Seite soll 10x angehoben werden und in dynamischer Arbeitsweise erfolgen.

4.1 Begründung des Koordinationstrainings

Grundlage des oben zusammengestellten Koordinationstrainings für Frau X. ist das von ihr genannte Ziel der Verbesserung der Bewegungsabläufe im Kraft- und Lauftraining. „Koordinative Fähigkeiten bilden die Grundlage jeder menschlichen Bewegung und sind somit für das Erlernen, Steuern und Anpassen von Bewegungen verantwortlich." (Häfelinger & Schuba, 2009, S.15). Das Fundament der koordinativen Fähigkeiten lässt sich in 8 Komponenten unterteilen: Orientierungsfähigkeit, Reaktionsfähigkeit, Differenzierungsfähigkeit, Kopplungsfähigkeit, Rhythmisierungsfähigkeit, Gleichgewichtsfähigkeit, Antizipationsfähigkeit und UmstellungsfähigkeitDurch das Koordinationstraining soll außer dem die Körperwahrnehmung verbessert werden, die das Fundament für ein sinnvoll aufgebautes Training bildet (Häfelinger & Schuba, 2009, S. 14). Durch das regelmäßige Krafttraining im Fitnessstudio bringt Frau X. schon Vorkenntnisse mit. Ihr Wunsch ist es diese Fähigkeiten zu erweitern.

„Die Gleichgewichtsfähigkeit beinhaltet das Halten und Wiederherstellen des Körpergleichgewichts bei wechselnden Umwelt- bzw. Situationsbedingungen auf kleinen Unterstützungsflächen". (Eifler, 2018, S. 112). Aufgrund ihrer Vorerfahrung konnte Frau X. direkt mit instabilen Untergründen wie dem Airex Balance Pad und dem Bosu arbeiten. Beide Untergründe verlangen von der Kundin noch mehr Konzentration auf Gleichgewicht und Stabilität.

Das Trainingsprogramm startet mit statischen Übungen und einfachen Bewegungsabläufen um ein Erfolgserlebnis zu initiieren (Chwilkowski, 2006, S. 56-58). Anschließend kommen dynamisch ausgeführte Übungen dazu um einen gesteigerten Schwierig-keitsgrad zu erreichen. Ein systematischer Aufbau der Bewegungserfahrungen begüns-tigt den Lernprozess (Chwilkowski, 2006, S. 56-58). Der Wechsel zwischen unter-schiedlichen Untergründen mit steigendem Schwierigkeitsgrad, erhöht zusätzlich den koordinativen Anspruch. Die letzte Übung kombiniert die Komponenten Gleichge-wichtsfähigkeit (Stabile Position auf dem Boden/Airex Balanace Pad/Bosu) und Kopp-lungsfähigkeit (Zeitgleiches Anheben von diagonal gegenüberliegenden Körperteilen, während der Ausführung eins Unterarmstützes). Komplexe Zusatzaufgaben, welche von der Körperhaltung ablenken, führen zu einer Verbesserung des reflektorischen Stabili-tätsvermögens (Chwilkowski, 2006, S. 56-58).

5 Literaturrecherche

5.1 Effekte des Dehnens im Hinblick auf eine Verbesserung der sportlichen Leistungsfähigkeit - Studie 1

Tab. 9: Effekte des Dehnens – Studie 1 (eigene Darstellung, 2018)

Titel	Untersuchungen zu den unmittelbaren Wirkungen ver-schiedener Dehnmethoden auf ausgewählte Kraftparameter (S.79-99) Untersuchung 1 (U1): Der Einfluss von 3 Dehnmethoden auf die Maximalkraft und Schnellkraft
Jahr	2004
Autor	Christine Höss-Jelten
Stichprobe	• 8 männliche und 5 weibliche Sportler aus dem Leichtathletik Bereich (Sprinter und Mehrkämpfer) • Alle Probanden sind klinisch gesund und beschwer-defrei • 9 Probanden befanden sich auf nationalem Leis-tungsniveau, 4 befanden sich in der deutschen Spit-zenklasse und 4 waren auf regionalem Leistungsni-veau • Alle Probanden befanden sich in der ersten Etappe der Vorbereitungsphase, innerhalb der Jahrespla-nung
Untersuchungsdesign	• Persönliche Date, sowie Angaben zum persönlichen Dehntraining wurden ermittelt • Dauer des Untersuchungstermins 40 min • Ablauf der Untersuchung:

	o 10 minütiges Aufwärmprogramm auf dem Fahrradergometer (1 Watt/kg mit einer Plusfrequenz zwischen 130 und 150)
	o Ermittlung des subjektiven Belastungsempfinden 1 (7-stufige Skala)
	o Dehnprogramm mit 3 Dehnmethoden, 6 Übungen für die Bein- und Hüftmuskulatur mit 15 Sek. Dehndauer und 20 Sek. Pause
	o Ermittlung des subjektiven Belastungsempfinden 2
	o Krafttestung: 3 Versuche dynamische Maximalkraft (beide Beine) und 3 Versuche statisch-exzentrische Maximalkraft (jeweils einbeinig)
Ergebnis/Schlussfolgerung	Es konnte keine kein Einfluss auf die Schnell- oder Maximalkraft der Kniestreck- und Beugemuskulatur bei dynamischer oder statisch-exzentrischer Arbeitsweise durch die drei verschiedenen Dehnmethoden nachgewiesen werden. Daraus schlussfolgere ich, dass eine Verbesserung im Maximalkraft- und Schnellkrafttraining nicht durch ein gezieltes Dehntraining verbessert werden kann.

5.2 Effekte des Dehnens im Hinblick auf eine Verbesserung der sportlichen Leistungsfähigkeit – Studie 2

Tab. 10: Effekte des Dehnens – Studie 2 (eigene Darstellung, 2018)

Titel	Die Auswirkung von statischem und dynamischem Dehnen auf die „Sprunghöhe", die „10- Yards-Zeit" und die „40-Yards-Zeit"
Jahr	2010
Autor	Michael Grätz
Stichprobe	20 männliche Footballspieler der Lower Austrian Titans
Untersuchungsdesign	• Cross-Over-Design, Aufteilung in 2 randomisierte Gruppen • 10-Minuten-Jog-Warm-Up (beide Gruppen) • Gruppe 1: statisches Dehntraining • Gruppe 2: dynamisches Gehntraining • Sprunghöhe ermittelt durch Kraftmessplatte • Sprintzeit ermittelt durch Lichtschranke
Ergebnis/Schussfolgerung	Mit Hilfe des dynamischen Dehntrainings konnte eine deutliche Verbesserung der Sprungkraft nachgewiesen werden. Die teilnehmer der Gruppe 2 sprangen im Durchschnitt 2,2 cm höher (5,5%) als die Teilnehmer der Gruppe 1. Hinsichtlich der 10-Yards und 40-Yards Sprints gab es zwischen beiden Grup-

pen keine deutlichen Unterschiede. Schlussfolgernd wird empfohlen ein dynamisches Dehntraining vor einer explosiven und schnellkraftbezogenen Einheit durchzuführen um im Wettkampf die bestmögliche Leistung zu erbringen.

Abschließend schlussfolgere ich, dass ein dynamisches Dehntraining, hinsichtlich der Verbesserung der Sprungkraft effektiver ist als ein statisches Dehntraining.

6 Literaturverzeichnis

Chwilkowski, C. (2006). *Medizinisches Koordinationstraining – Verbesserung der Haltungs- und Bewegungskoordination durch Propriozeption* (2. Aufl.). Köln: Deutscher Trainer Verlag

Eder, K. (1988). Regeneration im Leistungssport. *Leistungssport* (3), 20-22.

Eifler, C. (2018). *Studienbrief Trainingslehre III – Gesundheitsorientiertes Beweglichkeitstraining und Koordinationstraining.* Saarbrücken: Deutsche Hochschule für Prävention und Gesundheitsmanagement.

Freiwald, J. (2009). *Optimales Dehnen – Sport, Prävention, Rehabilitation.* Balingen: Splitta Verlag GmbH & Co. KG

Grätz, M. (2010). *Die Auswirkung von statischem und dynamischem Dehnen auf die „Sprunghöhe", die „10- Yards-Zeit" und die „40-Yards-Zeit.* Magisterarbeit, Universität Wien. Zentrum für Sportwissenschaft und Universitätssport.

Häfelinger U. & Schuba, V. (2009). *Koordinationstherapie – Propriozeptives Training* (4. Aufl.). Aachen: Meyer & Meyer Verlag.

Höss-Jelten, C. (2004). *Untersuchungen zu den unmittelbaren Wirkungen verschiedener Dehnmethoden auf ausgewählte Kraftparameter.* Dissertation, Technische Universität München, Fakultät für Sportwissenschaft München.

Janda, J. (2000). *Manuelle Muskelfunktionsdiagnostik* (4. Aufl.). München: Urban und Fischer

Schönthaler, S. R. & Ohlendorf, K. (2002). *Biomechanische und neurophysiologische Veränderungen nach ein- und mehrfach seriellen passiv-statischem Beweglichkeitstraining.* Köln: Sport und Buch Strauß.

Wydra, G., Bös, K. & Karisch, G. (1991). Zur Effektivität verschiedener Dehntechniken. *Deutsche Zeitschrift für Sportmedizin,* 42 (9), 368-394.

Wydra, G., Glück, S. & Roemer, K. (1999). Kurzfristige Effekte verschiedener singulärer Muskeldehnungen. *Deutsche Zeitschrift für Sportmedizin,* 50 (1), 10-16.

7 Abbildungs- und Tabellenverzeichnis

7.1 Tabellenverzeichnis

BEI GRIN MACHT SICH IHR
WISSEN BEZAHLT

- Wir veröffentlichen Ihre Hausarbeit,
  Bachelor- und Masterarbeit

- Ihr eigenes eBook und Buch -
  weltweit in allen wichtigen Shops

- Verdienen Sie an jedem Verkauf

Jetzt bei www.GRIN.com hochladen
und kostenlos publizieren